Sergio Basbaum

redesejo
logo haicais e outros poemas

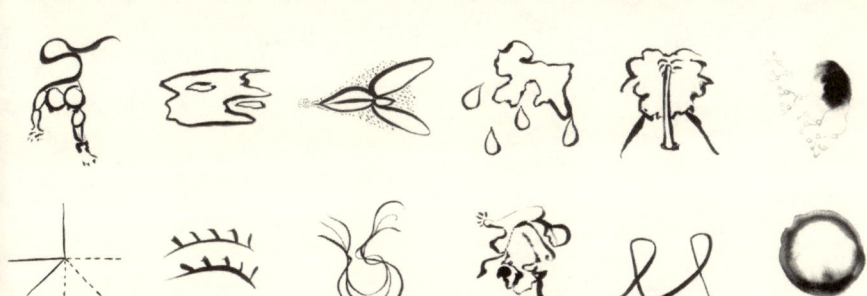

Sergio Basbaum

redesejo
logo haicais e outros poemas

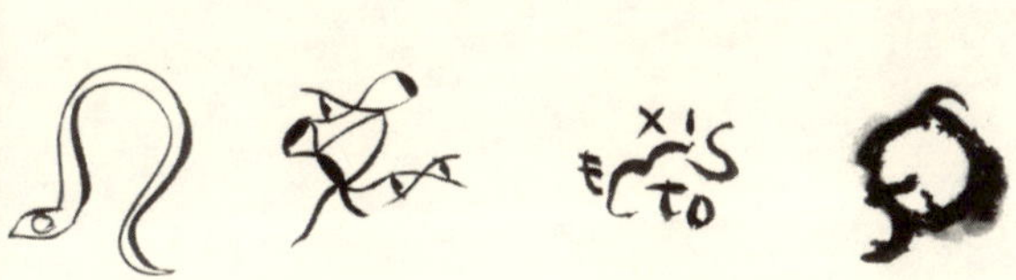

**Guaches de
Ricardo Bezerra**

 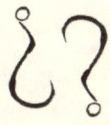 

1ª edição | São Paulo, 2017

LARANJA ● ORIGINAL

*Para Félix e Luiza
com amor*

B"H

A POÉTICA DO MENOS

A longa amizade com Sergio Basbaum me permitiu acompanhar de perto a inquietude criativa que reconheço nitidamente neste livro. Se agora ela se manifesta em poemas, já assumiu outras formas. Na adolescência, ele já havia publicado cartuns na revista alternativa Boca, ao lado de artistas como Flavio Del Carlo, Dagomir Marquezzi e Paulo Monteiro. Também nessa época o envolvimento visceral com a música indicava que esse seria um caminho importante. Após anos de intensa atuação como instrumentista, compositor e arranjador, lançou dois álbuns com suas composições, o primeiro de temas instrumentais, o segundo de canções.

Paralelamente à música, graduou-se em Cinema e enveredou na carreira acadêmica pela via da Semiótica, que lhe permitiu aprofundar a reflexão sobre a expressão artística e sobre a própria produção e mergulhar de vez no universo das ideias e do texto, que sempre o atraiu muito.

Esse currículo bem abreviado não é citado à toa. Se a palavra é som, imagem e sentido amalgamados, a poesia, arte radical da palavra, prima-irmã da música, é uma estação bem interessante para uma trajetória tão multimídia como a de Sergio Basbaum.

À pertinência da linguagem artística da vez, soma-se o traço pessoal de não se contentar com pouco. Sergio mergulha fundo em cada escolha que faz. Na chave de poeta, não faria um livro apenas pela satisfação de publicar seus poemas. Ele sabe o que quer dizer e diz, com estilo.

Esta é a senha para enfim falar de sua poesia: o estilo, marcado pela extrema síntese e pela polissemia, dois aspectos imbricados. Para resistir à tentação de comentar o livro inteiro, vou me deter em alguns aspectos que me chamam especialmente a atenção pelo engenho construtivo e pelo efeito poético obtido.

É comum, por exemplo, os versos ressaltarem homografias que bifurcam o poema no campo mesmo da literalidade:

```
         sou de excessos
           se curto
         é por precisão
```

No núcleo desse haicai heterodoxo, a palavra "curto" pode ser o adjetivo ou o verbo "curtir" na primeira pessoa do singular. A essa dupla possibilidade, soma-se outra: "precisão" pode ser "acuracidade" ou "necessidade". Na construção desses versos, "sou de excessos" pode ser um modo de viver imprescindivelmente exagerado, no estilo rock'n'roll. Também pode ser lido, pela via metalinguística, como a prolixidade, que o poeta se esforça a controlar para seus versos serem capazes de ir direto ao ponto. Ou aos pontos. Nesse poema, e em muitos outros da coletânea, o recurso das palavras-bifurcação intensifica a polissemia característica da linguagem poética, e os versos levam a vários pontos simultaneamente, num movimento "estéreo" vertiginoso.

É o que ocorre neste poema:

```
cada louco,
um exército.
ele é um são.

(homenagem a Torquato Neto)
```

Ao célebre aforismo de Torquato Neto, o poeta acrescenta um verdadeiro xeque-mate: "ele é um são" carrega a pluralidade em que se refrata o indivíduo arremessado além da consciência – processo cuja força bruta reverbera na ideia de "exército". Ao mesmo tempo, a homografia de "são", abre nova face – e novo oxímoro. Tal qual em O alienista, os polos são tensionados: o louco é o são. Talvez pela condição mesma de ele ser muitos, defendida com a tenacidade de combatente. Toda essa viagem – que pode ir bem mais longe – com um único verso agregado ao ready-made torquatiano, à moda de Oswald de Andrade. Apenas um verso.

Outras vezes parte da multiplicidade de leituras resulta da homofonia, que atravessa a segmentação das palavras:

No mundo

do

ente

a jornada

é

pro

cura

"Do ente" e "pro cura" formam, neste caso, outra dupla bifurcação, que desloca a ênfase do universo para o indivíduo, da busca para (novamente) a sanidade.

A homofonia pode abranger o poema inteiro:

cá

mim

ar

O verbo "caminhar", com toda sua potência metafórica, aparece como a síntese do encontro entre o aqui, o eu e a amplidão. Presença em movimento, renovação, esvaziamento zen... Tantos sentidos pode ter esse caminhar. Em sete letras.

A opção pela brevidade é frequentemente carregada de humor:

```
            nadamodesto

            c u m
                m
                    i n g
                        s
                        n
                        i n g
            u   é
                m
            p o  u    n    d
```

Mais uma vez se entrevê, no poema piada, o olhar oswaldiano – e a lente dos irmãos Campos, referência explícita, entre tantas outras que revelam um leitor agudo da poesia e do pensamento.

Sim, porque os intitulados "logo haicais" utilizam características formais do tradicional gênero literário japonês para versos com uma assumida predominância da abstração. Como neste "haicai de haicais" ou "haicai ao quadrado", quase um tratado em versos sobre a linguagem, que não ouso mais que reproduzir:

I.

nenhuma palavra pode sem o mundo
que nas palavras
não tem cabimento

II.

o mundo
é o trampolim
da linguagem

III.

A linguagem
é o trampolim
da realidade

Por mais conceituais que versos como esses possam parecer, assim o parecem soando poeticamente, e poeticamente dispostos no papel ou na tela.

A música e o desenho, talentos precoces já mencionados, estão muito presentes nesta obra. A música, explicitamente tematizada em alguns poemas, transborda nas rimas, aliterações e assonâncias de versos como estes:

o sonho
é um quebra-cabeça
para montar
falta sempre uma peça
outro sonho
que em outro sono
aconteça

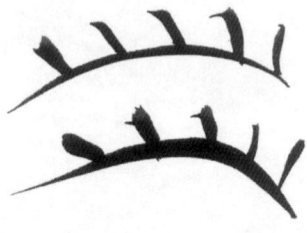

Este poema é citado também para dizer que a ilustração que o acompanha abre ainda outras camadas poéticas, com seu aspecto quase ideogramático. As figuras paralelas sugerem olhos fechados, mas também pássaros em galhos, ou engrenagens. Podem aludir tanto ao sujeito quanto à matéria fugidia do sonho, ou ainda ao processo mental que o engendra.

Não é só nesse caso que os desenhos em guache de Ricardo Bezerra propõem novas leituras aos poemas que os inspiraram. Com poucos traços, de gesto espontâneo, as imagens ora se aproximam do caráter icônico usual nessa linguagem pictórica (como a bem-humorada síntese visual no poema "músico / troço de orelha / brinco de som"), ora travam um diálogo mais complexo com o poema (caso dos versos "imperativo: / conforme / o possível", entre outros).

A visualidade é importante também nos poemas em si, não apenas nos de inspiração concretista, mas também na quebra dos versos, que resultam mínimos, na pontuação extremamente econômica e na preferência quase absoluta pelas letras minúsculas. A própria escolha da tipografia. Tudo apontando para o menos, para o curto.

Por precisão.

Beto Furquim

As coisas
são
comoção

cada louco,
um exército.
ele é um são
(homenagem a Torquato Neto)

(o poder do pequeno)

cá
mim
ar

cá
os
pássaros em revoada

imperativo:
conforme
o possível

dis-penso
logo
ex-isto

sexo calmo
êxtase a jato
e já coração
a mil

em meio ao caos
mov
eu-se
com a pre
cisão
da vontade

a espera
da palavra:
gestação

f(l)utu(r)e

viva você
maquinando livros
para
livrar máquinas

(para Samanta)

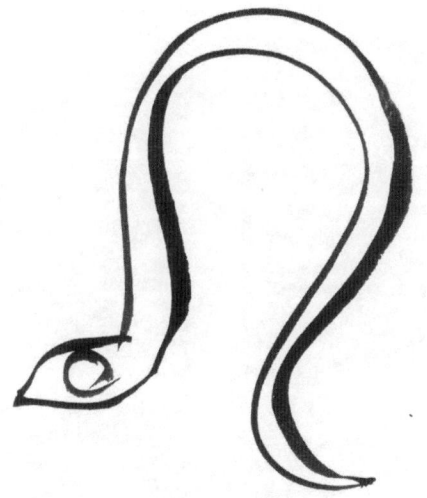

Todo esse silêncio
está me custando caro
desse jeito
acabarei indo à falância

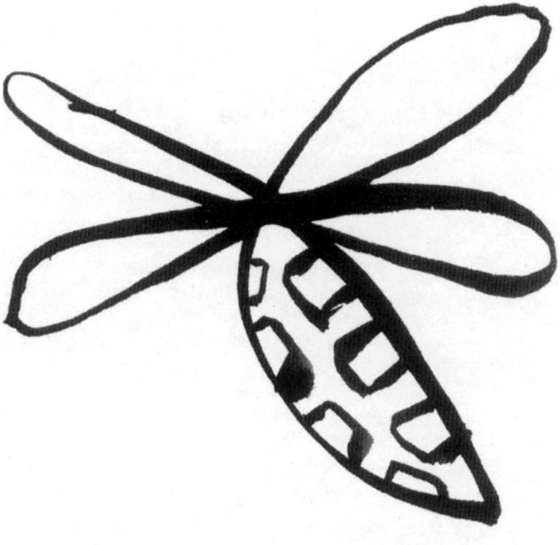

coração forte:
dança o mundo
sem marca-passo

(para Luis Ferron)

No deserto
das formigas
cigarras
que façam figas

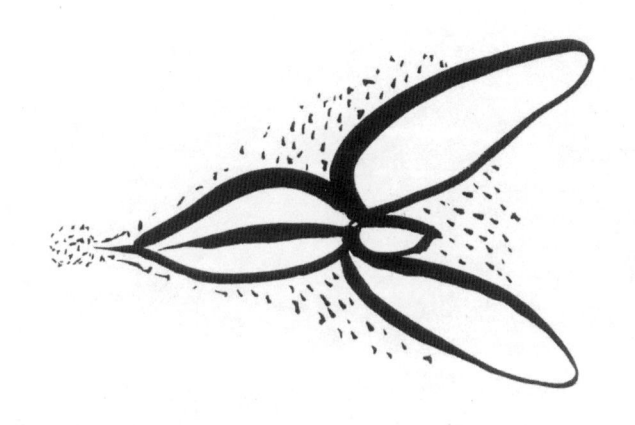

na
morada:
hotel
olhar

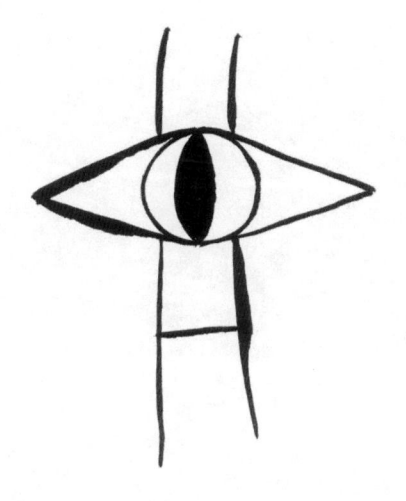

Lembrete

fazer uma omelete
sem quebrar os ovos

mira
mira a paisagem:
miragem

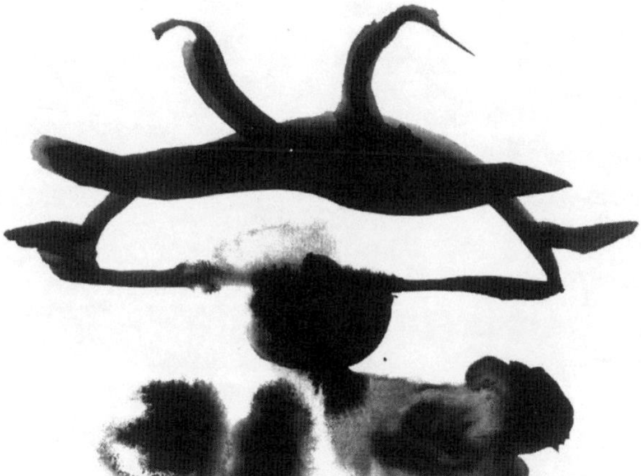

músico:
troço de orelha
brinco de som

nadamodesto

```
cum
  m
     ing
        s
       n
     ing
  u é
    m
po u   n  d
```

Mund und

Poema porrada
é uma surra
de sinto

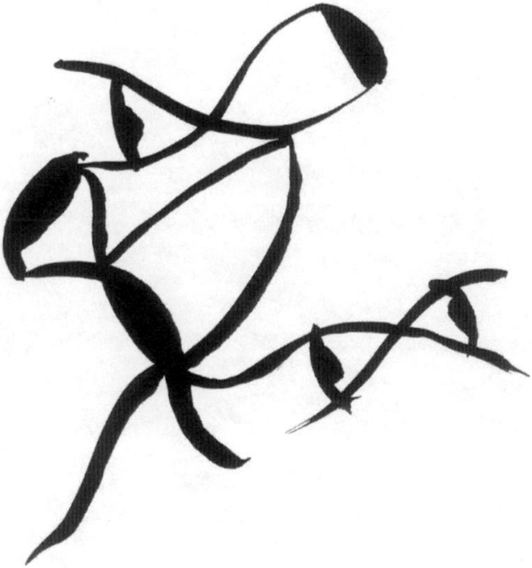

sou de excessos
se curto
é por precisão

No mundo
do
ente
a jornada
é
pro
cura

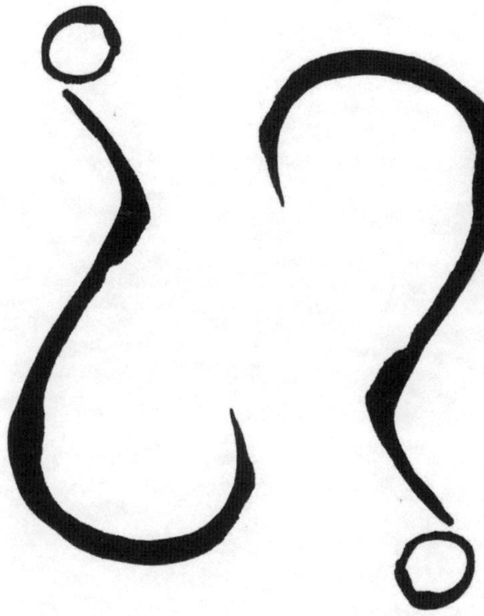

recorte do horizonte:
meio caminho
andado

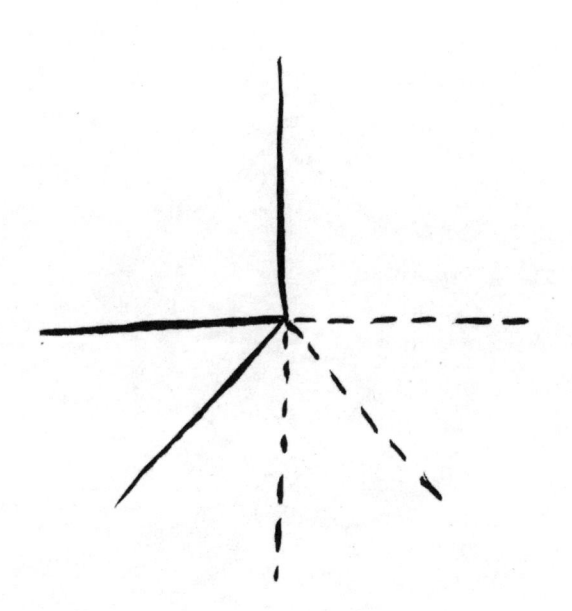

serestar
ou não
haver

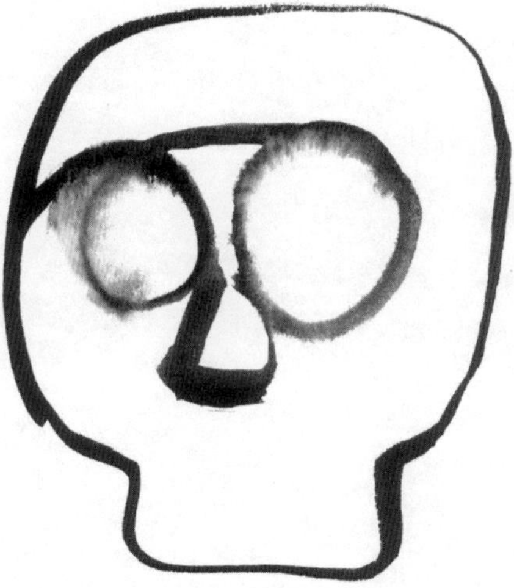

silêncio:
vazio
transbordante

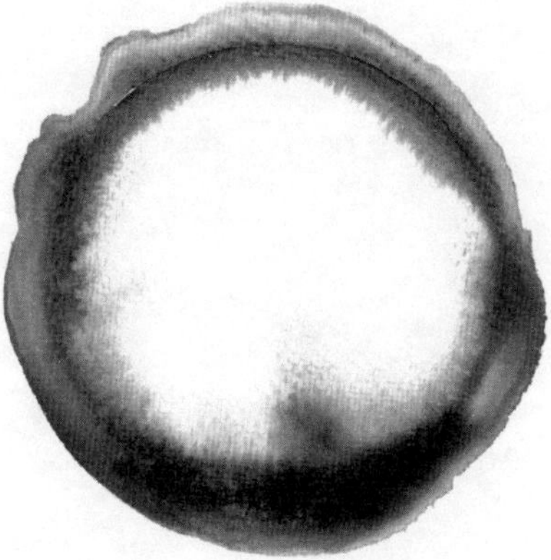

uma pessoa achava isso
outra achava aquilo
uma terceira via

Trilogia da linguagem

I.
nenhuma palavra pode sem o mundo
que nas palavras
não tem cabimento

II.
o mundo
é o trampolim
da linguagem

III.
A linguagem
é o trampolim
da realidade

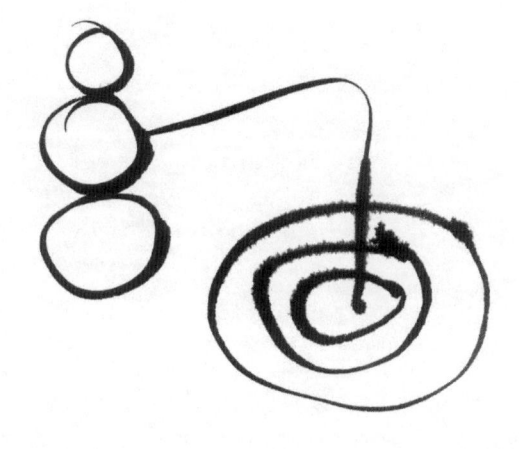

tudo em ordem
na minha caosbeça

lagoa calma
não há Buda
que mereça

poema
desejo
per verso

NO BALCÃO DAS ALMAS
(o fetiche da mercadoria)

para que
não me vendas
não me vendo

que é somente vendado
não me vendo
que me podes
pôr um preço

dispenso
assim
tua venda

e, desvendado,
não me vendo
nem me esqueço

que, enfim,
vi
vendo,
acontecendo
e senda,
o que em mim,
está
havendo
fora de mim
não está
à venda

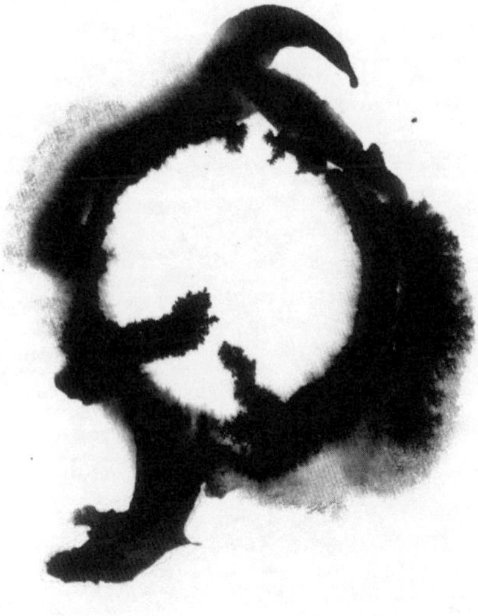

whats life but a dream?

rico
cheio de amigos
e amantes
sigo em meu delírio

Elegia esquizo

tantos eus
que (de)
moram em tantos eus
não me venha vocês
entre tantos
outros você
querer dizerem
quem eu
somos

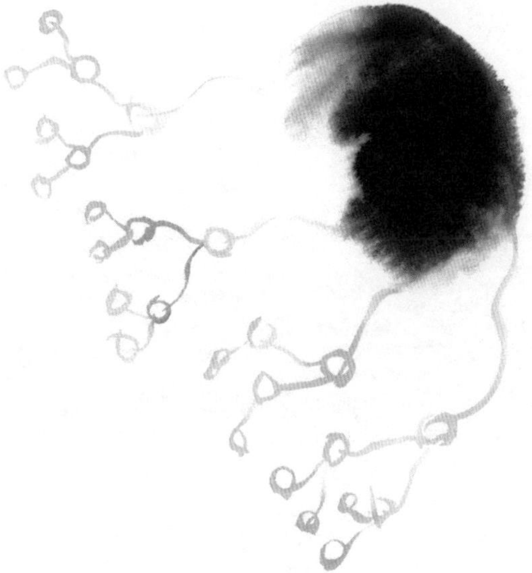

sonho

o sonho
é um quebra-cabeça
para montar
falta sempre uma peça
outro sonho
que em outro sono
aconteça

To do list

1. Inventar um microscópio do nada

2. Reinventar a roda todos os dias

3. Empreender um desnegócio

4. Desenvolver um multiplicador de sonhos

5. Dançar uma coreografia estereotópica

6. Piscar os olhos rapidamente e por bastante tempo, até que o mundo se torne estroboscópico

7. Afogar-se numa piscina vazia

8. Gaguejar uma língua sem semântica

9. Cair para cima

10. Desenhar um algoritmo esquizofônico

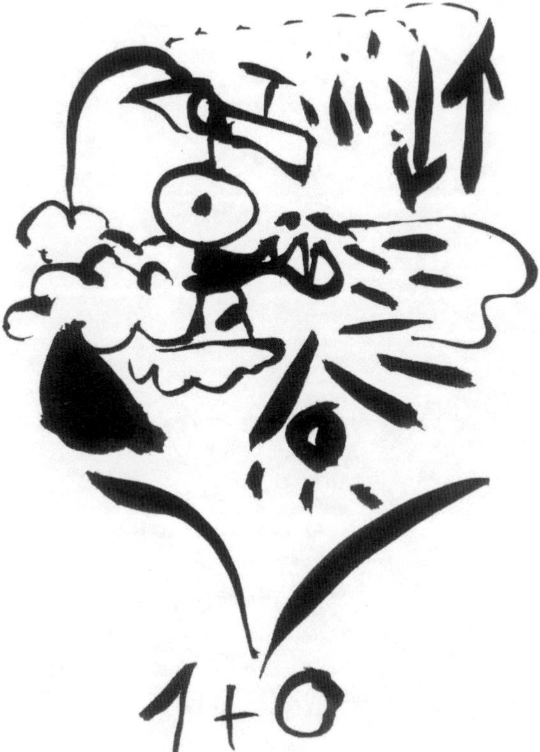
1+0

como ficou chato ser bipolar
agora serei multipolar
E que sabe assim
polipolar
hora dessas acabo
finalmente
popular

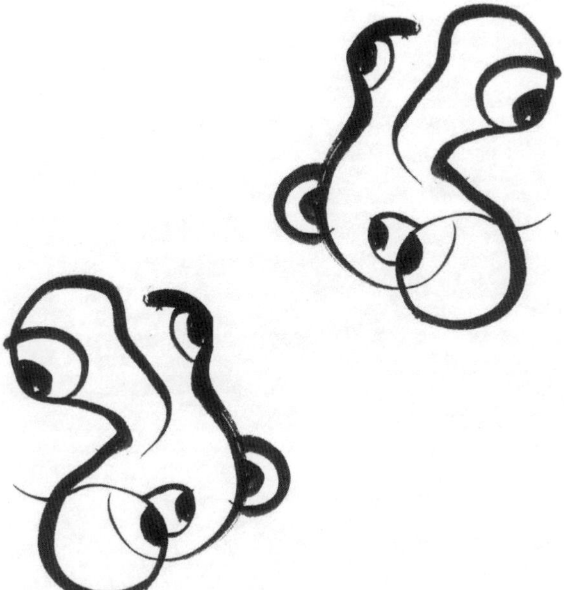

Lambe-lambe

língua-vida

lambe-lambe

palavra falo

lambe-lambe

poesia-ferida

Homenagem à IA

O computador é um simulador
simula tão completamente
que chega a simular pensar
o pensar
que deveras pensa

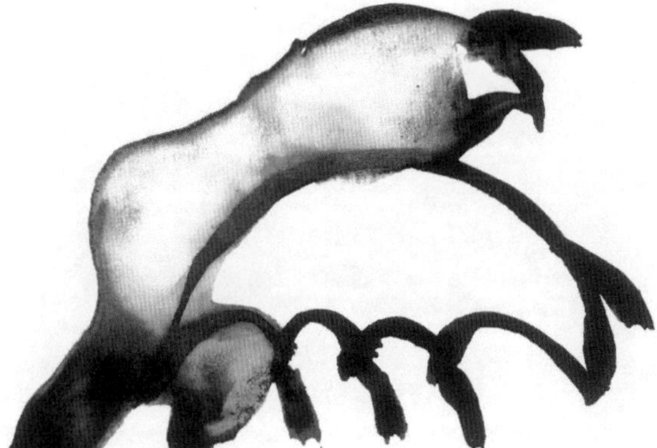

```
rhdezxsistosria

  e   isto
h e   si to
  ê x i to
      isto
r e   sisto
  h   isto ria
           ria
 dez  istos
 de   sisto
  e x i t

(^)
 exi(s)t(o)
```

EXISTO

VIVA NOISE, VIVA O BUSTO, VIVA O RABO DO AUGUSTO!

mediano tédio
sem saída
nem remédio
solução de água e sol
lagrimágica

sal e chuva
casamento de saúva
cacilda!
deformigueiro de fonema
terra palavrada
pra sementira
de sonhâmbulo
vocabulindo

três vezes dóios
igual a seios

meia dúbia
vezes dois
dá dose
vezes três,
artrose

se paro duas vezes
é reparo
que se paro partes
pra longeralmente

sozinhômetro de teia
é fomedida de redesejo

reduto
é seguro
no canônico
contrário
do arrisconcreto
poematematicamente
in
finito

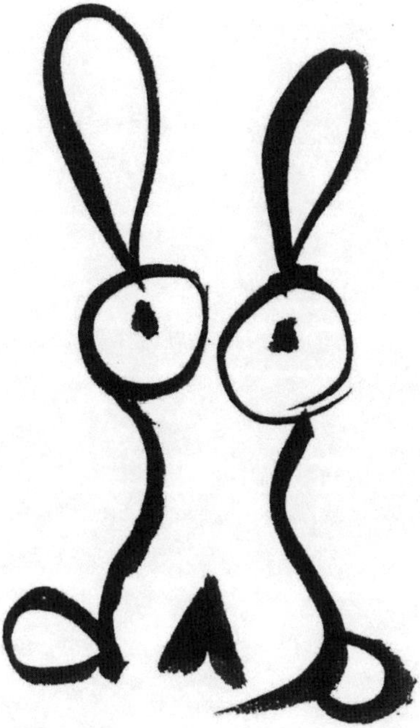

© 2017 Sergio Basbaum
Todos os direitos desta edição reservados à Laranja Original Editora e Produtora Ltda.

www.laranjaoriginal.com.br

Editor responsável
Filipe Moreau

Projeto gráfico
Luyse Costa

Guaches e concepção de capa
Ricardo Bezerra

Produção executiva
Gabriel Mayor

Dados Internacionais de Catalogação na Publicação (CIP)
Câmara Brasileira do Livro, SP, Brasil

Basbaum, Sergio
  Redesejo / Sergio Basbaum ; guaches de
Ricardo Bezerra –1. ed. São Paulo: Laranja Original, 2017.

ISBN 978-85-92875-23-7

1. Haicai I. Poesia – Crítica e interpretação
3. Poesia brasileira I. Bezerra, Ricardo. II Título

17-10277   CDD-869-1

Índices para catálogo sistemático
1. Contos: Literatura brasileira 869.1

Laranja Original Editora e Produtora
Rua Capote Valente, 1.198
Pinheiros, São Paulo
CEP 05409-003
São Paulo - SP

Fontes Adobe Garamond Pro e Lucida Console | Papel Pólen Bold 90 g/m² | Impressão Forma Certa